"最美奋斗者"品德教育系列

永不消逝的脚印
彭加木

伍美珍工作室 / 编著　　冉少丹 / 绘

海豚出版社
DOLPHIN BOOKS
CICG 中国国际传播集团

"最美奋斗者"品德教育系列

幸福源自奋斗

一个人的一生应当怎样度过？

也许这个问题对小朋友们来说还有点遥远，但是有很多人终其一生都在追寻这个问题的答案。小朋友们不妨现在就想想，这一辈子你要如何度过呢？

相信《"最美奋斗者"品德教育系列》能给小朋友们带来启发。

2019年，为隆重庆祝新中国成立七十周年，学习英雄事迹、弘扬奋斗精神、培育时代新人，中共中央宣传部等评选表彰了新中国成立以来涌现的英雄模范，授予他们"最美奋斗者"称号，并开展"最美奋斗者"学习宣传活动。

"最美奋斗者"这份沉甸甸的名单，涵盖各个历史时期在各地区、各行业、各领域中脱颖而出的先进模范，既有黄继光、邱少云、王进喜、雷锋、焦裕禄、孔繁森这些耳熟能详的名字，也有钟南山、袁隆平、黄大年、南仁东、李保国等新时代的楷模。

他们是不懈的奋斗者、开拓者，是幸福生活的创造者、守护者。他们用智慧和汗水，甚至用鲜血和生命，为国家富强、民族振兴、人民幸福书写了可歌可泣的壮丽篇章，在平凡的岗位上作出了不平凡的业绩。他们是国家的脊梁、民族的英雄、时代的楷模，值得我们永远铭记。

幸福都是奋斗出来的，只有奋斗的人生才称得上是幸福的人生。希望通过这套图书，小朋友们能感受到英雄们那种昂扬向上的奋斗精神，树立正确的世界观、人生观、价值观，在"最美奋斗者"的陪伴下扣好人生的第一粒扣子！

《"最美奋斗者"品德教育系列》编委会

2021年3月

小时候,彭加木最爱在花园里观察各种植物。带刺的鲜花、高高的爬藤、矮矮的灌木……植物真是奇妙的生命。

荷花为什么能长在水里呢?彭加木摘下几朵,带回家研究。

水稻又是怎么成熟的呢?
彭加木和农民伯伯一起去田地里看庄稼、干农活。

带着对植物的种种疑问，长大后的彭加木成了上海生物化学研究所的研究员。

有一次,研究所要派人去莫斯科学习新技术。派谁去呢?领导们商量一番,选中了优秀的彭加木。

彭加木听到这个消息,高兴坏了,他做梦都没想到能去莫斯科留学!那可是提升学识的好机会!

可是，就在同时，他又得知了另一个消息。

中国科学院为了开发祖国边疆的资源，正在组织科学家去边疆考察！

是去边疆考察,
还是出国学习?
这让彭加木为难起来。

出国的机会很难得,可他的心中另有答案。他要到条件艰苦的边疆去,因为那儿更需要人才。

彭加木加入了中国科学院的考察队,跟着大家朝祖国的边疆行进,那里将会充满未知和艰辛。

彭加木的第一站来到了有"植物王国"之称的云南。面对数不清的植物，他总有使不完的劲儿。

啊，快看，这里发现了一只紫胶虫！这种虫子分泌出来的紫胶，可是重要的工业原料呢。

手捧探索成果，彭加木心潮澎湃：他愿意做边疆的探索者，他还想为边疆科学做更多的事。

【紫胶虫】长仅几毫米,由于能够分泌出紫红色的紫胶树脂而得名。它们分泌出的紫胶,可以清热、凉血、解毒,有较高的医药价值;还具有防潮、防腐、绝缘的特性,是重要的工业原料。

于是，第二站彭加木来到了更偏远的新疆。

这里有雪山，有沙漠戈壁，却没有一个像样的实验桌。没关系，大木箱一竖，就是他的实验场所。

清晨,彭加木从帐篷里醒来。咦,头发怎么全白了?一摸才知道,是头发上结满了冰霜。

他骑着马,整天在高山深林中穿梭,渴了就喝一点河里的水,饿了就啃几口干粮,饥一顿饱一顿也很开心。

古老稀有的红松林、顽强耐风沙的梭梭草……彭加木在这里探索出了许多好东西。

就在他大展身手时,命运却和他开了一个巨大的玩笑。他被诊断出了癌症,医生说,他剩的时间不多了。倔强的彭加木不甘心!他带着病魔回到了新疆。

彭加木不仅要做研究，还要在新疆建起一座实验大楼，造福所有的科研人。

白天，彭加木和工人们一起搬砖头、盖房子，一点儿也不像个科学家。

到了晚上，他就"变"了个身份，在各种仪器下研究着一株株植物。

为了治病,彭加木穿梭在上海与新疆之间。这次,他在上海有个意外惊喜!

实验室里来了个新玩意儿,它是最先进的电子显微镜,被称为"科学之眼",能把东西放大上千万倍呢。可谁也不会用呀!

彭加木读了许多外国资料，又在电子显微镜旁趴了三十多天，睡觉都恨不得抱着它。

终于，经过一次次实验后，他学会了电子显微镜的用法。

彭加木有了"科学之眼",就更厉害了!

他拖着带病的身体,走南闯北,采集了各种植物的病毒样本。

　　他把生病的水稻、哈密瓜、玉米一一放到电子显微镜下,病毒很快就现出原形!"病"被治好了,农作物越长越旺。这可都是彭加木的功劳呀!现在的他已经成了一个植物病毒专家和电子显微镜专家。

彭加木把电子显微镜使用技术也带回了新疆。

新疆有一片"死亡之地"叫罗布泊,那里气温高达四十多度,到处都是沙漠、戈壁,人很容易被困在里面。

可那里也藏着许多珍贵的植物和矿产,彭加木勇敢地踏进了罗布泊。

湖水边,他小心翼翼地将水装起来,以备研究。

别的地方没有的植物，富含矿物的土壤……都成了他的标本。危险的死亡之地好像变成了他的探索乐土。

彭加木从标本中发现了大量钾盐、稀有金属和重水等宝贵资源。钾是庄稼的养料，重水是制造原子弹的原料——罗布泊真是一块宝地，他要继续在这里探索"珍宝"！

　　1980年,彭加木带领队员第三次进入罗布泊,这是中国人自己组队第一次穿越罗布泊核心地带!
　　可这次,他走得太深了,再也没能出来。

彭加木消失了，消失在他耗费了无数心血的新疆，但他的脚印留了下来——留在祖国边疆的山野里，留在鲜活的动植物身边，留在他对自然界的无限热爱和探索中。